CATALOGUE

DE LA

BIBLIOTHÈQUE POPULAIRE

ANNÉE 1888

NANCY
IMPRIMERIE A. VOIRIN, RUE DE L'ATRIE, 23 BIS

1888

ANNÉE 1888

CATALOGUE

DE LA

BIBLIOTHÈQUE POPULAIRE

PREMIÈRE DIVISION. — LITTÉRATURE

Série A. — Dictionnaires.

1-3	**Académie.**	Dictionnaire de la langue française (3 vol.).
4	**F. Donne.**	Manuel d'orthographe raisonnée.
5-7	**Girault.**	Dictionnaire des synonymes français (3 vol.).
8-11	**Lecousturier.**	Dictionnaire des postes (4 vol).
12	**Lefaye.**	Dictionnaire des synonymes.
13-14	**Pomai.**	Dictionnaire allemand, latin et latin allemand (2 vol.).
15-16	**Raymond.**	Dictionnaire français (2 vol.).
17	**Raynaud.**	Manuel de style.
18	**Restaud.**	Traité de l'orthographe française.
19	**Sommer.**	Cours de grammaire.
20-21	**Théry.**	Cours de littérature (2 vol.).
22	**Vosgien.**	Dictionnaire de géographie.

Série B. — Livres d'éducation.

1	**Anonyme.**	La morale en actions.
2	**Bélèze.**	Jeu des adolescents.
3	**Blanchard.**	Ecole des mœurs du jeune âge.
4-5	**Bouilly.**	Conseils à ma fille (2 vol.).
6	**Campan (Mme).**	De l'éducation.

7	**Compayré.**	Lectures morales et civiques.	
8	—	L'enseignement supérieur.	
9	**Duvivier.**	Gymnastique de la jeunesse.	
10	**Ellis** (**Mme**).	Devoirs des femmes dans le mariage.	
11	**Franck.**	Morale pour tous.	
12	**Genlis** (**Mme de**).	Théâtre d'éducation.	
13	**Hippeau** (**Eugénie**).	Economie domestique.	
14-27	**La Harpe.**	Cours de littérature	(14 vol.).
28-29	**Legouvé.**	Pères et enfants	(2 vol.).
30	**Macé.**	Arithmétique du grand-papa.	
31	—	Morale en actions.	
32	**Manceau** (**Mme**).	Soirées d'un grand'père.	
33-35	**Necker** (**Mme**).	Education progressive	(3 vol.).
36	**Rapet.**	Manuel populaire de morale.	
37	**Rémusat** (**Mme de**).	Education des femmes.	
38	**Rozan.**	Petites ignorances de la conversation.	
39	**Servan.**	Conseils d'un père à son fils.	
40	**Tastu** (**Mme**).	Education morale populaire.	
41-42	**Théry.**	Conseils aux mères	(2 vol.).
43	**Woilez.**	L'abeille institutrice.	

Série C. — Géographie et Voyages.

1	**Anonyme.**	L'Australie.	
2	—	Aventures de mer.	
3	—	La Grande-Chartreuse.	
4	—	Itinéraire de France.	
5	—	Voyage à pied dans les Alpes.	
6	—	Naufragés au Spitzberg.	
7	—	Guide du voyageur à Londres.	
8	**About** (**Ed.**).	La Grèce contemporaine.	
9	—	Rome contemporaine.	
10	—	La Prusse de 1860.	
11	—	La nouvelle carte d'Europe.	
12	**Agassis.**	Voyage au Brésil.	
13-16	**Alvarès.**	La France	(4 vol.).
17	**Ampère.**	Littérature et Voyages.	
18-19	—	Promenade en Amérique	(2 vol.).
20	**Audenelle.**	Frontières et Statistique.	
21	**Aunet.**	Voyage d'une femme au Spitzberg.	

22	**Baines.**	Voyage dans le Sud-Ouest de l'Afrique.
23	**Backer.**	Le lac Albert.
24	**Backer (lady).**	Une femme du monde au pays des Zoulous.
25	**Bauvoir (de).**	Australie.
26	—	Java-Siam.
27	—	Pékin-Yeddo.
28	**Belgioso (Mme de).**	Asie mineure et Syrie.
29	**Belin de Launay.**	Les sources du Nil.
30	**Bellot.**	Voyages aux mers polaires.
31	**Berchère.**	Le désert de Suez.
32	**Biart (Lucien).**	A travers l'Amérique.
33	**Blerzy.**	Torrents, fleuves et canaux de France.
34	**Bloch (Maurice).**	La France.
35	—	Le département.
36	—	La commune.
37	**Bondelet (A.).**	Londres pour ceux qui n'y vont pas.
38	**Braime.**	La Nouvelle-Calédonie.
39	**Burton (capitaine).**	Voyage aux grands lacs d'Afrique.
40	**Carey (de).**	Voyage en Egypte.
41	**Charton.**	Les Vosges pittoresques et historiques.
42-45	—	Voyageurs anciens et modernes (4 vol.).
46-47	**Chateaubriand.**	Itinéraire de Paris à Jérusalem (2 vol.).
48	**Chastelleux.**	Le territoire du département de la Moselle.
49	**Chavanne.**	Les Chinois.
50-53	**Cooper (F.).**	Lettres sur les États-Unis. (4 vol.).
54	**Cortambert.**	Géographie de l'Europe et de l'Afrique.
55	—	— de l'Amériq. et de l'Océanie
56	—	— physique du globe.
57-58	**Courtois (H.).**	Géographie de la France. (2 vol.).
59	**Compiègne (de).**	Les Gabonnais.
60	**Dargaud.**	Voyage au Danemarck.
61	—	Voyage aux Alpes.
62	**Daumas.**	Le grand Désert.
63	—	Mœurs et coutumes de l'Algérie.
64	**Domidoff.**	La Crimée.
65	**Desgodins.**	La Mission du Thibet.
66	**Desplace.**	Le canal de Suez.
67	**Didier.**	Cinquante jours au désert.
68	—	Séjour à la Mecque.

69	**Domenech.**	La chaussée des géants.
70	—	Journal d'un missionnaire au Texas et au Mexique.
71	**Drohojowska.**	L'Algérie française.
72	**Drouot.**	Sur terre et sur mer.
73	**Du Camp.**	En Hollande.
74	**Dufférin.**	Les régions polaires.
75-76	**Dumont d'Urville.**	Voyage autour du monde. (2 vol.).
77	**Dupaty.**	Lettres sur l'Italie.
78	**Duval.**	Notre pays.
79-80	**Duverny.**	Un tour en Suisse. (2 vol.).
81-82	**Elgin.**	La Chine et le Japon. (2 vol.).
83	**Enault.**	Constantinople et la Turquie.
84	**Esquiroz.**	L'Angleterre et la vie anglaise.
85-86	—	La Néerlande et la vie hollandaise. (2 vol.).
87	**Eyma (Xavier).**	Scènes de mœurs et voyage dans le Nouveau-Monde.
88	**Ferry (G.).**	Scènes de la vie mexicaine.
89	—	Scènes de la vie militaire au Mexique.
90	**Fleuriot (Zénaïde).**	Notre capitale Rome.
91	**Forbin.**	Voyage à Siam.
92	**Fouinet.**	Souvenirs de voyage.
93	**Fraissinet.**	Le Japon contemporain.
94	**Fromentin.**	Un été dans le Sahara.
95	—	Une année dans le Sahel.
96	**Fonterpuis (de).**	Les Français en Amérique (le Canada).
97	**Gaffarel (P.).**	Les colonies françaises.
98	**Garnier.**	La Nouvelle-Calédonie.
99	—	Voyage dans l'Indoustan.
100	—	Voyage en Perse.
101	**Gasparin (de).**	A Constantinople.
102-103	—	Voyage au Levant. (2 vol.).
104	—	A travers les Espagnes.
105	**Gastineau.**	Les femmes et les mœurs de l'Algérie.
106	**Gautier.**	Constantinople.
107	—	Italia.
108	—	Voyage en Espagne.
109-110	—	Voyage en Russie. (2 vol.).
111	**Génin.**	Trois mois autour de Madagascar.
112	**Gentil.**	Souvenirs d'Orient.

113	**Gérard.**	L'Afrique du Nord.	
114	**Girard.**	Excursion d'un touriste au Mexique.	
115	**Godard (abbé).**	Soirées algériennes.	
116	**Gourdault.**	L'Italie pittoresque.	
117	**Graffigny.**	Lettres d'une péruvienne.	
118-119	**Gravière (de la).**	Guerres maritimes.	(2 vol.).
120-121	—	Voyage dans les mers de chine	(2 vol.).
122	**Guichard.**	Les jeunes voyageurs en Europe.	
123	**Guinard.**	3 ans d'esclave chez les Patagons.	
124	**Hanning Specke.**	Les sources du Nil.	
125	**Havard.**	Voyage aux villes mortes du Zuiderzée.	
126	—	Les frontières menacées.	
127	**Hayes.**	Perdus dans les glaces.	
128	—	La mer libre du pôle.	
129	—	La terre de désolation.	
130	**Hervé de Launoye.**	Voyage dans les glaces du Pôle artique.	
131-132	**Hubner.**	Promenade autour du monde.	(2 vol.).
133-134	**Huc (le père).**	L'Empire chinois.	(2 vol.).
134-136	—	La Tartarie et le Thibet.	(2 vol.).
137-139	**Hostein.**	L'Italie.	(3 vol.).
140-142	**Hugo (Victor).**	Le Rhin.	(3 vol.).
143	**Jacobs.**	L'Afrique nouvelle.	
144-145	**Jacquemont.**	Correspondance.	(2 vol.).
146	**Joanne.**	Voyage en Suisse.	
147	**Juan.**	Description de l'Amérique méridionale	
148	**Laborde.**	Itinéraire en Espagne.	
149	**Laforêt.**	Aventures de Courtalin.	
150-172	**La Harpe.**	Histoire générale des voyages	(23 vol.).
173-178	—	Voyages du capitaine Cook.	(6 vol.).
179	**La Landelle.**	Les marins.	
180	—	La vie navale.	
181-182	**Lamartine.**	Voyage en Orient.	
183	**Lanoye.**	L'Inde contemporaine.	
184	—	Le Niger.	
185	—	La Sibérie.	
186	—	L'Egypte avant Ramsès.	
187	**Latour (de).**	Tolède et les bords du Tage.	
188	**Lavallée.**	La Chine contemporaine.	
189	**Lebrun.**	Voyage dans l'Afrique centrale.	
190	—	Voyage en Abyssinie.	
191	**Léger (L.).**	La Save, le Danube et les Balkans.	

192	**Lemire (Ch.).**	La Cochinchine.
193-194	**Lepage.**	Les communes de la Meurthe. (2 vol.).
195	**Léouzon-Leduc.**	La Baltique.
196	**Levaillant.**	Voyage en Afrique.
197	**Levasseur.**	Etude de la Géographie.
198	**Livingstone.**	Exploration de l'Afrique centrale.
199	—	Exploration du Zambèse.
200	**Lomon.**	Captivité des amiraux Bonnard et Bruart.
201	**Loreau.**	Francis Hall chez les Esquimaux.
202-204	**Mackensie.**	Voyage en Amérique. (3 vol.).
205	**Mage.**	Voyage dans le Soudan occidental.
206-211	**Malte-Brun.**	Géographie universelle. (6 vol.).
212-213	—	Jeunes voyageurs en France (2 vol.).
214	**Mazoury.**	Manuel du marin.
215	**Marc-Monnier.**	Pompéi et les Pompéiens.
216	**Marmier.**	Lettres sur l'Adriatique et le Monténégro.
217	—	Du Danube au Caucasse.
218-219	—	Du Rhin au Nil. (2 vol.).
220-221	—	Lettres sur l'Adriatique. (2 vol.).
222	—	Lettres sur l'Algérie.
223-224	—	Lettres sur l'Amérique. (2 vol.)
225	—	Lettres sur l'Islande.
226	—	Lettres sur le Nord.
227	—	Lettres sur la Russie.
228	—	Voyage en Californie.
229-231	—	Les voyageurs nouveaux. (3 vol.).
232	**Mary-Lafon.**	Rome ancienne.
233	—	Rome moderne.
234	**Maury.**	Géographie physique.
235	**Merruau.**	Voyages de Christophe Colomb.
236	**Michel (Chevalier).**	Le Mexique ancien et moderne.
237	**Moges (de).**	Ambassade en Chine et au Japon.
238	**Monteneclos.**	Les fleuves de France.
239	**Montfort.**	Voyage en Chine.
240	**Monhot.**	Voyage au royaume de Siam.
241-242	**Palgrave.**	Arabie centrale. (2 vol.).
243-244	**Perron (capitaine).**	Mémoires. (2 vol.).
245	**Perron d'Arc.**	Voyage en Australie.
246	**Pfeiffer (Ida).**	Voyage d'une femme autour du monde.

247	**Pfeiffer (Ida).**	Mon second voyage.	
248	**Pichot.**	Les Mormons.	
249	**Pigeonneau.**	Géographie commerciale.	
250	**Protrowski.**	Souvenirs d'un sibérien.	
251	**Pitre-Chevalier.**	La Bretagne ancienne.	
252	—	La Bretagne moderne.	
253	**Polignac.**	La ferme d'El-Barbi.	
254-260	**Poucqueville.**	Voyage en Grèce.	(7 vol.).
261	**Poussielgue.**	Voyage en Chine.	
262	**Ramond.**	Voyage au Mont-Perdu.	
263	**Raynal.**	Naufragés aux îles Auckland.	
264-265	**Reclus.**	La terre à vol d'oiseau.	(2 vol.).
266	—	Voyage à la Sierra-Nevada.	
267	—	France, Algérie, Colonies.	
268	**Reybaud.**	Marine et voyages.	
269	**Riaux.**	Madagascar.	
270-271	**Rienzy.**	Océanie.	(2 vol.).
272	**Rivière (Henry).**	Souvenirs de la Nouvelle-Calédonie.	
273-275	**Rochette.**	Lettres sur la Suisse.	(3 vol.).
276	**Roussin.**	Une campagne au Japon.	
277	**Roy.**	L'Empire du Brésil.	
278	—	Voyage dans l'Inde anglaise.	
279	**Russe-Killoug.**	16,000 lieues à travers l'Asie.	
280	**Sachot.**	Madagascar (Voyage à).	
281	—	Madagascar et les Madécasses.	
282-287	**Saintflox (de).**	Lettres sur Paris.	(6 vol.).
288	**Santallier.**	Le Hâvre.	
289	**Saussure.**	Voyage dans les Alpes.	
290	**Simonin.**	A travers les Etats-Unis.	
291	—	Le Grand-Ouest.	
292	**Stanley.**	Comment j'ai retrouvé Livingstone.	
293-294	**Taine.**	Voyage en Italie.	(2 vol.).
295	—	Voyage aux Pyrennées.	
296	**Tesson.**	Voyage au mont Sinaï.	
297-298	**Thiercelin.**	Journal d'un baleinier.	(2 vol.).
299	**Thureau.**	Le Tong-Kin.	
300	**Tindal (J.).**	Dans les montagnes.	
301	**Trumelet.**	Les Français dans le Désert.	
302	**Vambéry.**	Voyage d'un faux derviche en Asie.	
303	**Vogan.**	Voyages et aventures.	
304-306	**Volney.**	Voyage en Egypte et en Syrie.	(3 vol.).

307	**W...**	Les prairies de l'Ouest des Etats-Unis.	
308	**Viollet-le-Duc.**	Le massif du Mont-Blanc.	
309	**Wallace.**	La Russie.	
310-311	**Yung (Arthur).**	Voyage en France.	(2 vol.).
312	—	Voyage en Italie et en Espagne.	
313-363	**Charton.**	Tour du Monde.	(51 vol.).

Voyages imaginaires.

376	**Biard.**	Aventures d'un jeune naturaliste au Mexique.	
377-383	**Barthelémy.**	Voyage du jeune Anacharsis en Grèce (7 vol.).	
384	**Boussenard.**	Aventures d'un gamin de Paris.	
385	**Denis.**	Les vrais Robinsons.	
386-387	**de Foë.**	Robinson Crusoë.	(2 vol.).
388	**L. D. P.**	Les modernes Robinsons.	
389	**Lefebvre.**	Paris en Amérique.	
390	**Morlant.**	Les Robinsons français.	
391	**Mullet et Stahl.**	Robinsons suisses.	
392	**Olivier-le-Gal.**	La frégate la duchesse Anne.	
393	**Porchat.**	3 mois sous la neige.	
394	**Paul.**	Le pilote Wilis.	
395	**Pitcrain.**	Nouvelle île fortunée.	
396	**Toppfer.**	Premiers voyages en zig-zag.	
397	—	Nouveaux —	
398-399	**Verne (Jules).**	Aventures du capit. Hatteras.	(2 vol.).
400-402	—	Les enfants du capitaine Grant	(3 vol.).
403-404	—	La maison à vapeur.	(2 vol.).
405-407	—	L'Ile mystérieuse.	(3 vol.).
408-409	—	Vingt mille lieues sous les mers.	(2 vol.).
410-411	—	Voyage au pays des fourrures.	(2 vol.).
412-413	—	Michel Strogoff.	(2 vol.).
414-415	—	Hector Servadac.	(2 vol.).
416-417	—	Kéraban le têtu.	(2 vol.).
418-419	—	Le Jangada.	(2 vol.).
420	—	Voyage au centre de la terre.	
421	—	De la terre à la lune.	
422	—	Voyage autour de la lune.	
423	—	Cinq semaines en ballon.	

424	**Verne (Jules).**	Le Chancelor.	
425	—	Une ville flottante.	
426	—	Trois Russes et trois Anglais.	
427	—	Le docteur Ox.	
428	—	Les Indes noires.	
429	—	Le tour du monde en 80 jours.	
430	—	Tribulations d'un chinois en Chine.	
431	—	Les cinq cents millions de la Begum.	
432-436	—	Histoire des grands voyages et des grands voyageurs.	(5 vol.).
437-438	**Weiss.**	Robinson suisse.	(2 vol.).

Série D. — Histoire et Biographie.

1	**Anonyme.**	Histoire de Robert, duc de Normandie.	
2	—	Le capitaine Pruvost.	
3	—	Précis élémentaire d'histoire ancienne.	
4	—	Relation de voyages princiers.	
5	—	Robertson de la jeunesse.	
6	—	Souvenirs d'un sous-officier.	
7	—	La duchesse d'Orléans.	
8	—	Duquesne.	
9	—	Conspiration de Cinq Mars.	
10	—	Château de Pau.	
11	—	Blocus de Metz en 1870.	
12	—	Assassinat du maréchal d'Ancre.	
13	—	La Jacquerie.	
14-17	—	Hist. du chevalier Grandisson.	(4 vol.).
18	—	Nouvelle lettre de Junius.	
19	**About (Ed.).**	La question romaine.	
20-31	**Abrantès (Mme d').**	Mémoires sur Napoléon Ier.	(12 vol.).
32	**Alletz.**	Génie du XIXe siècle.	
33-36	**Ampère (général).**	Récits militaires.	(4 vol.).
37-48	**Anquetil.**	Histoire universelle.	(12 vol.).
49	**Auger.**	Suétone de la Jeunesse.	
50	**Badin.**	Duguay-Trouin.	
51	—	Jean Bart.	
52	**Barni.**	Napoléon Ier et son historien Thiers.	
53	**Barracaud.**	Un village au XIIe et au XIXe siècle.	
54	**Bassinet.**	Histoire du Gouvernement féodal.	

55	**Barthelémy.**	Les Marseillais à Nancy.
56	**Barante.**	Jeanne d'Arc.
57-58	—	Etudes littéraires et historiq. (2 vol.).
59	**Baussire.**	La guerre étrangère et la guerre civile en 70-71.
60-62	**Bauchamp (de).**	Histoire du Brésil. (3 vol.).
63	**Beaulieu (de).**	Le comte de Dagsbourg.
64-65	**Bégin.**	Histoire de Lorraine. (2 vol.).
66-69	—	Biographie de la Moselle. (4 vol.).
70	**Bellemarc.**	Vie d'Abd-el-Kader.
71	**Benoit.**	Siège de Phalsbourg.
72	**Bérardier.**	Précis d'histoire universelle.
73	**Bernard.**	Vie d'Oberlin.
74-75	**Berteuil.**	Algérie française. (2 vol.).
76	**Berwich (de).**	Mémoires.
77	**Besançon (de).**	Esprit des hommes illustres.
78-82	**Blanc (Louis).**	Histoire de Dix ans. (5 vol.).
83	**Blaze de Bury.**	Episode de l'histoire du Hanovre.
84	**Bonnechose (de).**	Montcalm et le Canada français.
85	—	Bertrand du Guesclin.
86	—	Lazare Hoche.
87-88	—	Histoire de France. (2 vol.).
89-90	**Bordier et Charton.**	Histoire de France. (2 vol.).
91-92	**Bouniol.**	Les marins français. (2 vol.).
93	**Bouvier (F.).**	Les Vosges pendant la Révolution.
94-95	**Bossuet.**	Histoire universelle. (2 vol.).
96	**Bourdon (Mme).**	Vie de Mozart.
97	**Brière (de la).**	Madame de Sévigné en Bretagne.
98-102	**Buchez.**	L'Assemblée constituante. (5 vol.).
103-106	**Burette.**	Histoire de France. (4 vol.).
107	**Campan (Mme).**	Histoire de Marie-Antoinette.
108-109	**Capefigue.**	Histoire de Richelieu. (2 vol.).
110-112	**Castelnau.**	Histoire de la nouvelle Russie (3 vol.).
113	**Caix et Poirson.**	Histoire de France.
114	**César (Pascal).**	Abraham Lincoln.
114	**Cézana (de).**	Campagne de Piémont et de Lombardie.
116	**Chanzy (général).**	La 2e armée de la Loire.
117	**Chabert.**	Le temple des Messins.
118	—	Journal historique de Metz 70-71.
119	**Charton.**	Anciennes guerres des Lorrains.
120	—	Histoire de trois pauvres enfants.

121	**Chateaubriand.**	Etudes historiques.
122	**Christian.**	Afrique française et Maroc.
123	**Cibrano.**	Vie de Charles-Albert.
124	**Clamargeran.**	La France républicaine.
125	**Clément.**	Enguerrand de Marigny.
126	—	Les musiciens célèbres.
127	—	Léonard de Vincy, Michel-Ange, Raphaël.
128	**Cochut.**	Law, son système, son époque.
129	**Colin de Xivry.**	Napoléon III et Abd-el-Kader.
130	**Cordier.**	Histoire de madame Elisabeth de France,
131	**Corne.**	Le cardinal Mazarin.
132	—	Le cardinal Richelieu.
133	**Courbe.**	Promenade historique à travers les rues de Nancy.
134	**Courgeon.**	Récits de l'Histoire de France.
135-137	**Courtoille (de).**	Les deux Républiques françaises 1792-1848. (3 vol.).
138	**Dalsème.**	Le siège de Bitche.
139	**Debraux.**	Histoire du prisonnier de Ste-Hélène.
140	**Descloriére.**	Vie et inventions de Philippe de Girard.
141	**Dessoye.**	Jean Macé.
142-143	**Dezobry.**	Dictionnaire de géographie et d'histoire. (2 vol.).
144	**Dixion.**	La Suisse contemporaine.
145	**Duvergier de Hauranne (Mme).**	Histoire de la Revolution française.
146-148	**Domairon.**	Les rudiments de l'histoire. (3 vol.).
149	**Drion.**	Légendes pittoresques de l'histoire.
150	**Ducoudray.**	100 récits de l'Histoire de France.
151-153	—	Histoire contemporaine de 1789 jusqu'à nos jours. (3 vol.).
154	**Duruy.**	Histoire des temps modernes.
155	—	Abrégé d'histoire ancienne.
156-157	—	Histoire de France. (2 vol.).
158-160	—	Histoire universelle. (3 vol.).
161-162	**Dussieux.**	Histoire de la guerre de 70-71 (2 vol.).
163	**Ernouf.**	Deux inventeurs célèbres.
164	—	Histoire de trois ouvriers français.
165	—	Denis Papin.

166	**Ernouf.**	Général Kléber.
167	**Fabre (J.).**	Jeanne d'Arc.
168-171	**Fauche-Borel.**	Mémoires. (4 vol.).
172	**Fay.**	Journal d'un officier de l'armée du Rhin.
173	**Feillet.**	Bayard.
174	—	La fronde et Saint-Vincent de Paul.
175	—	Mémoires du cardinal de Retz.
176-179	**Ferrand.**	Esprit de l'histoire. (4 vol.).
180	**Fezensal (de).**	Souvenirs militaires.
181	**Fleury.**	Histoire d'Angleterre. (2 vol.).
182	**Francklin.**	Mémoires.
183	**Fraisse.**	Centenaire de Mathieu de Dombasle.
184	**Freycinet.**	La guerre en province.
185	**Froissard.**	Chroniques et mémoires.
186-187	**Gaillard.**	Histoire de Charlemagne. (2 vol.).
188	**Gannerou.**	L'amiral Courbet.
189-190	**Geoffroy.**	Gustave III et la cour de France. (2 v.).
191	—	Histoire des Etats scandinaves.
192	**Gœpp.**	Navigateurs.
193	—	Hommes de guerre.
194	**Gozlan.**	Georges III.
195	**Grandsard (Mme).**	La jeunesse de Haydn.
196-197	**Guérin.**	Histoire maritime de la France. (2 v.).
198	**Guicherat.**	Histoire du siége d'Orléans.
199	**Guimet.**	Esquisses scandinaves.
200-201	**Guizot.**	Histoire de la République d'Angleterre et de Cromwel. (2 vol.).
202	—	Guillaume le conquérant.
203	—	Alfred le Grand.
204	—	Origine et fondation des Etats-Unis.
205-209	—	Cours d'histoire moderne. (5 vol).
210-211	—	Histoire des origines du gouvernement représentatif. (2 vol.).
212	—	Monk et la chute de la République d'Angleterre.
213-214	—	Histoire du protectorat de Cromwell et du rétablissement des Stuarts. (2 vol.).
215	**Hamel.**	Histoire du premier Empire.
216	**Haureau.**	Charlemagne et sa cour.

217 **Haussonville (d').** Ma jeunesse.
218-221 — Réunion de la Lorraine à la France. (4 vol.).
222-224 **Hénauld.** Abrégé chronologique de l'histoire de France jusqu'à Louis XIV. (3 vol.).
225 **Henry.** Histoire de Lorraine.
226 **Héquet.** Madame de Maintenon.
227-228 **Hubaut et Marguerin.** Les grandes époques de France. (2 v.).
229 **Hugonnet.** Français et Arabes.
230 **Joinville.** Histoire de Saint-Louis.
231 **Jonvaux.** Histoire de trois potiers célèbres.
232 **Jourdan.** Les femmes devant l'échafaud.
233 **Juchereau.** Révolutions de Constantinople.
234-235 **Jurien de la Gravière.** Souvenirs d'un amiral. (2 vol.).
236-237 — — La marine d'autrefois. (2 vol.).
238-239 — — Guerres maritimes sous la République et l'Empire. (2 vol.).
240 **Kageneck (de).** Lettres sur le règne de Louis XVI.
241 **Kermoysan.** Souvenirs du premier Empire.
242 **L. J. L.** Histoire de Marie-Antoinette.
243 **Labouchère.** Oberkampf.
244-246 **Laboulay.** Histoire des Etats-Unis. (3 vol.).
247 **Lacombe (de).** Le siège et la bataille de Nancy.
248-253 **Lacretelle (de).** Histoire de la France pendant le XVIIIe siècle. (6 vol.).
254 **Lacroix.** Histoire du Drapeau français.
255-262 **Lafosse.** Histoire de Paris. (8 vol.).
263 **Laharpe.** Histoire des 12 Cézars (Suétone).
264 **Lamartine.** Christophe Colomb.
265 — Fénelon.
266 — Guttemberg.
267 — Nelson.
268 — Guillaume Tell.
269 — Madame de Sévigné.
270 — Trois mois au pouvoir.
271-278 — Histoire de Turquie. (8 vol.).
279 **Lambel (de).** Philippe de Gheldres.
280 — Marguerite de Lorraine.
281 **Lammenais (de).** Affaires de Rome.
282 **La Landelle.** Duguay-Trouin.
283-286 **Lanfrey.** Histoire de Napoléon Ier. (4 vol.).

287	**Langel.**	Les Etats-Unis pendant la guerre 61-65.
288-293	**Langlois.**	Histoire de Charles-Quint. (6 vol.).
294-295	**LaRochejacquelin(Mme)**	Mémoires. (2 vol.).
296	**Las-Cases.**	Souvenirs de Napoléon.
297	**Lasteyrie (Mme de).**	Vie de Madame de Lafayette.
298	**Laurent.**	Histoire de Napoléon.
299	**Lavallée.**	Frontières de la France.
300-301	—	Histoire de Turquie. (2 vol.).
302-303	—	Histoire de Paris. (2 vol.).
304	**Lavollée.**	Channing, sa vie et sa doctrine.
305	**Lavergne (de).**	Assemblées provinciales sous Louis XVI
306	**Lecocq.**	Histoire de Camille Demoulins.
307	**Lebrun.**	Conquêtes de Fernand Cortès.
308	**Lefeuve.**	Vallée de Montmorency.
309	**Legouvé.**	Sully,
310	**Lepage.**	Le général Drouot.
311	—	Histoire de Nancy.
312	—	Tableau d'honneur de la Meurthe.
313	**Leupol.**	Précis de l'Histoire de Lorraine.
314	**Lonlay (Dick de).**	Au Tonkin (83-85).
315-316	**Macaulay.**	Histoire d'Angleterre. (2 vol.).
317	—	Histoire et critique.
318	**Macé.**	La France avant les Francs.
319	**Maigrot.**	Illustrations littéraires de la France.
320	**Mangin.**	Les savants illustres.
321-322	**Mansfeld.**	Napoléon III. (2 vol.).
323	**Marco Saint-Hilaire.**	Anecdotes du temps de Napoléon Ier.
324	**Marlès.**	Histoire de Pologne.
325-328	**Martin.**	Histoire populaire de France. (4 vol.).
329-346	—	Histoire des Français. (17 vol.).
347	—	Daniel Manin.
348	**Mary-Lafon.**	Mœurs et coutumes de la vieille France.
349	**Masson de St-Amand.**	Essais historiques.
350	**Maynard.**	Insurrection de l'Inde.
351	**Ménard.**	Maréchal Fabert.
352	**Mézeray.**	Histoire de France.
353	—	Le blocus de Metz.
354	**Mézières (A.).**	Hors de France.
355	—	En France au XVIIIe et XIXe siècle.
356	—	Récits de l'Invasion.

357	**Michaud**.	Histoire des Croisades.
358	**Michel**.	Biographie des hommes marquants de Lorraine.
359	**Michelet**.	Jeanne d'Arc.
360	—	Louis XI et Charles le Téméraire.
361	—	Précis de l'histoire moderne.
362	—	Les femmes de la Révolution.
363	—	Les soldats de la Révolution.
364-365	**Mignet**.	Histoire de Marie Stuart. (2 vol.).
366-367	—	Histoire de la Révolution. (2 vol.).
368	—	Vie de Francklin.
369	**Millot (abbé)**.	Eléments de l'Histoire de France.
370	**Moïse-Schwab**.	Histoire des Israélites.
371	**Molènes**.	Les commentaires d'un soldat.
372	**Molimari**.	L'Abbé de Saint-Pierre.
373	**Montesquieu**.	Grandeur et décadence des Romains.
374	**Montrond**.	Histoire de Jean-Bart.
375	—	Les marins les plus célèbres.
376	**Morin**.	Saint-François d'Assises et les Franciscains.
377	**Mornand**.	L'année anecdotique.
378	**Mortimer-Ternaux**.	Le peuple aux Tuileries.
379	— —	Chute de la Royauté.
380	**Mullois**.	Histoire de Napoléon III.
381-382	**Mutrecy**.	Journal de la campagne de Chine (2 v.).
383-384	**Napoléon III**.	Histoire de Jules César. (2 vol.).
385	**Nettement**.	Histoire de la conquête d'Alger.
386	**Nicklès**.	Bracennot, sa vie, ses œuvres.
387	**Nodier**.	Souvenirs de jeunesse.
388	**Nollet**.	Histoire du maréchal Oudinot.
389	**Ozanam**.	Civilisation chrétienne chez les Francs.
390	—	Les Germains avrnt le Christianisme.
361	**Pallu**.	Histoire de l'expédit. de Cochinchine.
392	**Paris (Louis)**.	Histoire de Russie.
393	**Perefixe**.	Histoire d'Henri-le-Grand.
394	**Perrens**.	Deux ans de révolution en Italie.
395	**Pimodan (de)**.	La réunion de Toul à la France.
396	**Plutarque**.	Vie des Grecs illustres.
397	—	Vie des Romains illustres.
398	**Prévost-Paradol**.	Quelques pages d'histoire contemporaine.

399	**Prévot (abbé).**	La colonie Rochcloise.	
400	**Quenel (Edgar).**	Les Roumains.	
401	**Quinet (Edgar).**	Histoire de la campagne de 1815.	
402	—	Mémoires d'exil.	
403	**Raffenel.**	Histoire des Grecs modernes.	
404	**Raffy.**	Histoire de France.	
405-406	**Raguenet.**	Histoire de Turenne.	(2 vol.).
407	**Renan.**	Vie de Jésus.	
408	**Reynaud.**	Vie et correspondance de Merlin de Thionville.	
409	**Robinet.**	Histoire d'Angleterre.	
410	—	Histoire de France.	
411-412	**Robertson.**	Histoire de l'Amérique	(2 vol.).
413-414	**Roche.**	Histoire des principaux écrivains français.	(2 vol.).
415-430	**Rollin.**	Histoire ancienne.	(16 vol.).
431	**Roy.**	Histoire de Vauban.	
432	—	Histoire de l'Algérie.	
433	—	Les Français en Espagne.	
434	—	Les Français en Egypte.	
435	—	Colbert.	
436	—	Histoire de Henry IV.	
437	—	Le dernier des Stuarts.	
438	—	Histoire du maréchal de Villars.	
439	**Sainte-Croix.**	Puissance morale de l'Angleterre.	
440	**Saint-Maurice.**	Résumé de l'histoire des Croisades.	
441-442	—	Histoire de Lorraine.	(2 vol.).
443	**Saint-Réal.**	Conjuration des Espagnes.	
444	**Saint-Simon.**	Le Régent.	
435	—	Louis XIV et sa cour.	
446	**Salmon.**	Etnde sur Monsieur de Serres.	
447-448	**Salvaudy.**	Histoire de J. Sobiesky.	(2 vol.).
449	**Sarcey (F.)**	Le siège de Paris.	
450	**Sarrazin.**	La Conspiration de Walstein.	
451	**Saulcy (de).**	Derniers jours de Jérusalem.	
452	**Schiller.**	Histoire de la guerre de Trente Ans.	
453	**Sédillot.**	Histoire des Arebes.	
454	**Sylvio Pellico.**	Mes prisons.	
455-456	**Solis.**	Conquête du Mexique, par Fernand Cortès.	(2 vol.).
457	**Staal (de).**	Deux ans à la Bastille.	

458	**Sterne-Daniel.**	Histoire de la Révolution de 1848.
459-466	**Sully.**	Mémoires. (8 vol.).
467	**Taillandier.**	Selft Help ou biographie d'hommes célèbres.
468-473	**Tanvay.**	Histoire du Brésil. (6 vol.).
474	**Thénot.**	Paris en décembre 1851.
475	—	La frontière, 1870-1882.
476-485	**Thiers.**	Révolution française. (10 vol.).
486-505	—	Consulas et Empire. (20 vol.).
506	—	Histoire de Law.
507-508	**Thiery.**	Hiotoire de la ville de Toul. (2 vol.).
509-512	**Thierry (A.).**	Histoire de la conquête d'Angleterre. (4 vol.).
513-514	—	Récits des temps mérovingiens. (2 v.).
515	—	Récits du Tiers-Etat.
516-517	—	Récits du siècle de Louis XIV. (2 v.).
518	**Vasili (Paul).**	La société de Berlin.
519	—	La société de Vienne.
520-549	**Velly (abbé).**	Histoire de France. (30 vol.).
550	**Vernon (de).**	Vie du maréchal Gouvion-Saint-Cyr.
551	**Véron (Eug.).**	Histoire de la Prusse, 1786-1860.
552	**Vignaux.**	Souvenirs d'un prisonnier au Mexique.
553	**Villemin.**	La tribune mederne.
554	—	Le chancelier de l'Hôpital.
555-557	**Villeneuve.**	Histoire de Saint-Louis. (3 vol.).
558	**Vinoy (général).**	L'armée française en 1873.
559	**Voltaire.**	Histoire de Charles XII.
560	**Wailly.**	Histoire de Saint-Louis.
561	**Walsh.**	Vie de madame de Sévigné.
562	**Witt (Mme de).**	Thomas Jefferson.
	—	Washington.
563	**X. M*****	Tables synchroniques de l'histoire de Lorraine.
565	**Zeller.**	Les Empereurs romains.
	—	L'Année historique (3 vol.).

Série E. — Littérature, Lettres et Correspondances

1	**Anonyme.**	Anthologie des poètes français.
2	**Ampère.**	Journal et correspondances.
3	**Brunnetière.**	Etudes critiques sur la littérature française.

4	**Brunnetière.**	Nouvelles études critiques sur la littérature française.	
5	**Collignon.**	Virgile.	
6	**Chaudes-Aigues.**	Les écrivains modernes de France.	
7	**Deschanel.**	Physiologie des écrivains et ártistes.	
8	**Fénélon.**	Morceaux choisis.	
9	**Guizot.**	Portraits politiques.	
10	**Guérusez.**	Histoire de la littérature française.	
11	**Latour (de).**	Epargne, mœurs et littérature.	
12-17	**Le Batteux.**	Principes de littérature.	(6 vol.).
18-19	**Max-du-Camp.**	Souvenirs littéraires.	(2 vol.).
20	**Montagne (Lady).**	Lettres et correspondances.	
21-27	**Napoléon Ier.**	Correspondance.	(7 vol.).
28-29	**Remusat (Mme de).**	Lettres.	(2 vol.).
30-33	**Rollin.**	Etude des belles-lettres.	(4 vol.).
34	**Vve René Tallandier.**	Etudes littéraires.	
35-37	**Vve Beuve.**	Portraits contemporains.	(3 vol.).
38-40	—	Portraits littéraires.	(3 vol.).
41-46	**Sévigné (Mme de).**	Lettres.	(6 vol.).
47-49	**Sabatier (abbé).**	Les trois siècles littéraires.	(3 vol.).
50-51	**Villars (Mme de).**	Lettres choisies.	(2 vol.).
52	**Villemain.**	Cours de littérature française (1828).	
53	**Villemin.**	Souvenirs contemporains.	

Série F. — Philosophie et Piété.

1-2	**Anonyme.**	Vie des saints.	(2 vol.).
3	**Adam Smith.**	Théorie des sentiments moraux.	
4-8	**Alembert (d').**	Mélanges de littérature et de philosophie.	(5 vol.).
9	**Bert.**	Instruction morale et religieuse.	
10	**Blanchet.**	L'humanité et la rédemption.	
11-15	**Bossuet.**	Œuvres choisies.	(5 vol.).
16-17	**Broglie (comtesse de).**	Les vertus chrétiennes.	
18	**Caumont (G.).**	Jugement d'un mourant sur la vie.	
19-20	**Chateaubriand.**	Le génie du Christianisme.	(2 vol.).
21	**Chasles.**	La physcologie sociale.	
22	**Courrier (P.-L.).**	Œuvres diverses.	
23	**Cousin (Victor).**	Du vrai, du beau' du bien.	
24	**Delessert.**	Le guide du bonheur.	
25	**Desguays.**	Lettres à un homme du monde.	

26	**Desouches.**	Études politiques sociales et philosophiques.
27	**Duclos.**	Considérations sur les mœurs de ce siècle.
28	**Fénélon.**	Traité de l'existence de Dieu.
29-32	—	Œuvres choisiees. (4 vol.).
33	**Fleury (abbé).**	Mœurs des israélites et des chrétiens.
34	**Jacquet.**	Chronique d'Enselden.
35	**La Bruyère.**	Les caractères.
36	**Liguory.**	Visite au Saint-Sacrement.
37	**Lombès.**	De la paix intérieure.
38	**Marc-Dufraise.**	Histoire du droit de guerre et de paix.
39	**Malé (abbé).**	Les missionnaires.
40	**Maistre (X. de).**	Œuvres complètes
41	—	Voyage autour de ma chambre.
42	—	Du Pape.
43	**Marty.**	Vue des chrétiens illustres,
44	**Massillon.**	Petit Carême.
45-47	**Montaigne (de).**	Essais. (3 vol).
48-52	**Montesquieu.**	Œuvres complètes. (5 vol.).
53	**Pascal.**	Lettres provinciales.
54	**Pelfrin.**	Essai critique sur la philosophie positive.
55-56	**Pernety (abbé).**	Connaissance de l'ordre moral. (2 vol.).
57	**Puy Perny.**	Vie de Pauline Faillonnet.
58	**Rabelais.**	Pantagruel.
59	—	Gargantua.
60-61	**Ratisbonne.**	Histoire de saint Bernard. (2 vol.).
62-63	**Reybaud.**	Etude sur les Réformateurs. (2 vol.).
64	**Stendal.**	L'art et la vie.
65-97	**Saint-Simon.**	Œuvres de saint Simon et d'Enfantin. (33 vol.)
98	—	Science de l'Homme.
99	**Simon (Jules).**	L'Ouvrière.
100	—	L'ouvrier de huit ans.
101	—	Le travail.
102	—	L'école.
103	—	Le devoir.
104		La peine de mort.
105		La liberté de conscience.

106	**Swedenborg.**	Les quatre doctrines de la Nouvelle Jérusalem.	
107-108	**Ventura.**	La femme catholique.	(2 vol.).
109	**Verguet.**	Premières missions en Mélanesie.	
110-172	**Voltaire.**	Œuvres complètes.	(63 vol.).
173	**Xenophon.**	Entretiens de Socrate.	

Série G. — Poëtes.

1	**Avril.**	La chanson de Roland.	
2	**Bedolière (de la).**	Œuvres de Racine.	
3	—	Œuvres de Corneille.	
4	**Bignon.**	Académiques.	
5	**Boileau.**	Œuvres complètes.	
6	—	Œuvres en prose.	
7-8	**Delille.**	L'Imagination	(2 vol.).
9-10	**Deroulède.**	Chants et nouveaux chants du soldat.	
11	**Dugaillon.**	Fiel et Miel.	
12	**Eichoff.**	Poésie héroïque des Indiens.	
13-20	**Florian.**	Fables, théâtre, etc.	(8 vol.).
21	**Foudras (marquis de).**	Chants pour nous.	
22-24	**Homère.**	Illiade.	(3 vol.).
25-26	—	Odyssée.	(3 vol.).
27	**Hugo (Victor).**	Odes et Ballades.	
28	—	Orientales.	
29	—	Voix intérieures.	
30	—	Légendes des siècles.	
31	**Lafontaine.**	Fables.	
32	**Lamartine.**	Méditations.	
33	—	Harmonies.	
34	—	Jocelyn.	
35	—	Graziella.	
36	**Legouvé.**	Le mérite des femmes.	
37	**Martin Maillefert.**	Les fiancés de Caracus.	
38-43	**Métastase.**	Œuvres (langue italienne).	(6 vol.).
44-46	**Milton.**	Le paradis perdu.	(3 vol.).
47	**Rougé.**	Education de l'homme de lettres.	
48-51	**Salm (comtesse).**	Œuvres complètes.	(4 vol.).
52	**Stace.**	Thébaïde.	
53	**Strassart.**	Fables.	
54	**Tasse (Le).**	Jérusalem délivrée.	

55	**Vannoy (Mme de).**	Profanation des tombes royales.	
56-57	**Vitet.**	La Ligue.	(2 vol.).
58	**Voltaire.**	Henriade.	
59	**Barbier.**	Iambes et poèmes.	
60	**Barthelemy et Méry.**	Napoléon en Egypte (Poème).	

Série H. — Romans étrangers.

1	**Anonyme.**	Ma mère et moi.	
2	—	Servante et maitresse.	
3-4	—	L'héritier de Radecliffe.	(2 vol.).
5-6	—	Violette.	(2 vol.).
7	—	Kenneth.	
8	**Andersen.**	Contes.	
9	—	Nouveaux contes.	
10	**Becker-Stowe.**	La case de l'oncle Tom.	
11-13	—	Souvenirs heureux.	(3 vol.).
14-15	**Braddon.**	Aurora Floyd.	(2 vol.).
16	—	L'intendant Ralph.	
17-18	—	Le testament de John Marchmond (2 vol.).	
19-20	—	Le triomphe d'Eléanor.	(2 vol.).
21-22	—	Rupper Godwin.	(2 vol.).
23-24	**Bulwer.**	Le dernier des barons.	(2 vol.).
25	—	Les derniers jours de Pompéï.	
26-27	—	Mémoires de Pisistrate Caxton	(2 vol.).
28-29	—	Mon roman.	(2 vol.).
30-31	—	Paul Clifford.	(2 vol.).
32	**Brehmer.**	Les filles du président.	
33	**Cerventès.**	Don Quichotte.	
34	**Conscience (Henry).**	Affaire embrouillée.	
35	—	L'année des merveilles.	
36	—	Aurélien.	
37	—	L'avare.	
38	—	Batavia.	
39	—	Les bourgeois de Darlingen.	
40	—	Le cantonnier.	
41	—	Le conscrit.	
42	—	Le chemin de la fortune.	
43	—	Le démon de l'argent.	
44	—	Le coureur des grèves.	

45	**Conscience (Henry).**	Le démon du jeu.	
46	—	Les drames flamands.	
47	—	La fiancée du maître d'école.	
48	—	Le fléau du village.	
49	—	Le gant perdu.	
50	—	Le gentilhomme pauvre.	
51	—	La guerre des paysans.	
52	—	Le guet-apens.	
53	—	Les heures du soir.	
54	—	L'illusion d'une mère.	
55	—	La jeune femme pâle.	
56	—	Le jeune docteur.	
57-58	—	Le lion de Flandre.	(2 vol.).
59	—	La maison bleue.	
60	—	Maître Valentin.	
61	—	Le mal du siècle.	
62	—	Le martyre d'une mère.	
63	—	Les martyrs de l'honneur.	
64	—	La mère Job.	
65	—	L'oncle et la nièce.	
66	—	L'oncle Jean.	
67	—	L'oncle Reimond.	
68	—	L'orpheline.	
69	—	Le paradis des fous.	
70	—	Le pays de l'or.	
71	—	La péférée.	
72	—	Le remplaçant.	
73	—	Le sang humain.	
74	—	Un sacrifice.	
75-76	—	Scènes de la vie flamande.	(2 vol.).
77	—	Les serf de Flandre.	
78	—	La sorcière flamande.	
79	—	Le sortilège.	
80	—	Souvenirs de jeunesse.	
81	—	Le supplice d'un père.	
82	—	La tombe de fer.	
83	—	Le trésor de Félix Roobeck.	
84-85	—	Le tribun de Gand.	(2 vol.).
86	—	Les veillées flamandes.	
87	—	La voleuse d'enfants.	
88	—	Argent et noblesse.	

89	**Conscience (Henry).**	Le bourguemestre de Liège.	
90	**Cooper (Fenimoore).**	Le derniers des Mohicans.	
91	—	Précaution.	
92	—	L'espion.	
93	—	Le pilote.	
94	—	Lionel Lincoln.	
95	—	Les Pionniers.	
96	—	La prairie.	
97	—	Les puritains d'Amérique.	
98	—	Le corsaire Rouge.	
99	—	Le bravo.	
100	—	Heidenmauer.	
101	—	Le be bourreau de Berne.	
102	—	Le paquebot.	
103	—	Les Monikins.	
104	—	Eva Effingham.	
105	—	Le lac Ontario.	
106	—	Mercédès de Castille.	
107	—	Le tueur de daims.	
108	—	Les deux amiraux.	
109	—	Le feu follet.	
110	—	A bord et à terre.	
111	—	Louise Hardinge.	
112	—	Wiandotté.	
113	—	Satanstoé.	
114	—	Le porte-chaine.	
115	—	Rawensnest.	
116	—	Les lions de mer.	
117	—	Le cratère.	
118	—	Mœurs du jour.	
119-120	**Currer-Bel.**	Jeanne Eyre.	(2 vol.).
121-122	**Dickens (Ch.).**	La petite Doritt.	(2 vol.).
123	—	Le mystère d'Edwin Drood.	
124	—	Contes de Noël.	
125-127	—	Dombey et fils.	(3 vol.).
128-129	—	Bleack-House.	(2 vol.).
130-131	—	Le magasin d'antiquités.	(2 vol.).
132	—	Histoire et récits du foyer.	
133-134	—	L'ami commun.	(2 vol.).
135-136	—	Le neveu de ma tante.	(2 vol.).
137-138	—	Les grandes espérances.	(2 vol.).

139	**Dickens (Ch.).**	Contes d'un inconnu.
140	—	Maison à louer.
141	—	Paris et Londres en 1793.
142-143	—	Vie et aventures de Nicolas Nickleby. (2 vol.).
144-145	—	Aventures de Pickwick. (2 vol.).
146	**Douhaire.**	Les conteurs russes.
147	**Dufour.**	Les grimpeurs des Alpes.
148-150	**Freitag.**	Doit et avoir. (3 vol.).
151-152	**Gas Koll.**	Nord et sud. (2 vol.).
153	**Gerstaker.**	Les deux conscrits.
154	—	Pirates du Mississipi.
155-156	**Gogol.**	Les âmes mortes. (2 vol.).
157	—	Tarass Boulba.
158	—	Nouvelles choisies.
159	**Goldsmith.**	Le vicaire de Vackefield.
160	**Gotthelf.**	Nouvelles bernoises.
161-162	—	Les joies et les souffrances d'un maitre d'école. (2 vol.).
163	**Gaskell.**	Marie Berton.
164-169	**Grant James.**	Les mousquetaires écossais. (2 vol.).
166	**Grimm.**	Contes choisis.
167	**Habberton.**	Récits d'un humoriste.
168	**Hawthorne.**	La maison aux sept pignons.
169	—	La lettre rouge.
170	**Julien.**	Nouvelles chinoises.
171	**Krompert.**	Nouvelles juives.
172-173	**Lewer.**	Aventures d'Harry. (2 vol.).
174	**Manzoni.**	Les fiancés.
175	**Mayne-Reid.**	A fond de cale.
176	—	A la mer.
177	—	Bruin ou le chasseur d'ours.
178	—	La piste de guerre.
179	—	La quarteronne.
180	—	Le chasseur de plantes.
181	—	Les exilés dans la forêt.
182	—	Les grimpeurs de Rochers.
183	—	Les peuples étranges.
184	—	Les vacances des jeunes Boers.
185	—	Les chasseurs de girafes.
186	—	Les veillées de chasses.

187	**Mayne-Reid.**	L'habitation du désert.	
188	—	Les naufragés de l'île Bornéo.	
189	—	Les jeunes esclaves.	
190	—	Les planteurs de la Jamaïque.	
191	—	La sœur perdue.	
192	—	Le désert d'eau.	
193	—	Villiam le mousse.	
194	**Pouschkine.**	La fille du capitaine.	
195-196	**Ruffini.**	Lavinia.	(2 vol.).
197	—	Le docteur Antonio.	
198	**Schmidt (comtesse).**	Contes et nouvelles.	
199-203	—	Nouvelles.	(5 vol.).
204	**Servell (Mme).**	Anny Herbert.	
205-207	**Tolstoï (L.).**	La guerre et la paix.	(3 vol.).
208-209	—	Anna Karenine.	(2 vol.).
210	**Tourguenieff.**	Mémoire d'un seigneur Russe.	
211	**Toppfer.**	Le presbytère.	
212	—	Nouvelle génevoises.	
213	—	Rose et Gertrude.	
214-215	**Van Lenep.**	Aventures de Ferdinand Huyck	(2 vol.).
216	**Vattemare.**	Le doigt du destin.	
217	**Walter Scott.**	La mère du déserteur.	
218	—	Romans poétiques.	
219	—	Waverley.	
220	—	Guy Mannering.	
221	—	L'antiquaire.	
222	—	Rob-Roy.	
223	—	La prison d'Edimbourg.	
224	—	La fiancée et l'officier de fortune.	
225	—	Le nain et les puritains.	
226	—	Ivanhoé.	
227	—	L'abbé.	
228	—	Kénilworth.	
229-230	—	Péveril du Pic.	(2 vol.).
231	—	Quentin Durwart.	
232	—	Les eaux de Saint-Ronan.	
233	—	Redgauntlet.	
234	—	Connétable de Chester.	
235	—	Richard.	
236	—	Woodstock.	
237	—	Les chroniques de la Canongate.	

238 **Walter Scott.** La jolie fille de Perth.
239 — Charles le Téméraire.
240-241 **Zschookke.** Contes suisses. (2 vol.).

Série I. — Romans français.

1-2 **Anonyme.** Les quatre fils Aymond. (2 vol.).
3 — Le mariage de Loti.
4 **About (Ed.).** Germaine.
5 — Le mari imprévu.
6 — Le marquis de Lanrose.
7 — Le roi des montagnes.
8 — Les mariages de Paris.
9 — Les mariages de province.
10 — Les vacances de la comtesse.
11 — L'homme à l'oreille cassée.
12 — Trente et quarante.
13 — Le roman d'un brave homme.
14 — Maître Pierre.
15 **Achard (Amédé).** Belle Rose.
16 — La famille Guillemot.
17 — La robe de Nessus.
18 — Le duc de Carlepont.
19 — Les chaînes de fer.
20 — Les coups d'épée de M. de la Guerche.
21 — Madame Rose.
22 — Récits d'un soldat.
23 **Ancelot (Mme).** Antoine Vernon.
24 **Assolant.** Récits de la vieille France.
25 — Deux amis en 1792.
26 **Aunet (d').** L'héritage du marquis d'Evigny.
27 **Aymard (Gust.).** Fanny Dayton.
28 — Le désert.
29 — Le vautour fauve.
30 — Les marquards.
31 — Le chien noir.
32 **Balzac.** Eugénie Grandet.
33 — César Birotteau.
34 — Ursule Mirouët.
35 — Le lys dans la vallée.
36 **Bast (de).** Contes à ma voisine.

37	**Bast (de).**	Les Fresques.
38	**Berlioz.**	La guerre noire.
39	**Bernard.**	La peau du lion.
40-41	—	Le gentilhomme campagnard. (2 v.).
42	—	Le paravent.
43	—	Le nœud gordien.
44	—	Les ailes d'Icare.
45-46	—	Un beau père. (2 vol.).
47	—	Un homme sérieux.
48	**Berthet (Elie).**	Les houilleurs de Polignies.
49	**Bertrand (L.).**	Au fond de mon carnier.
50	**Bentzon.**	Tête folle.
51	—	Le meurtre de Bruno Galli.
52	**Biart (L.).**	Le Bizco.
53	**Boissonas.**	Une famille pendant la guerre.
54	—	Un vaincu.
55	**Bourdon (Mme).**	Abnégation.
56	—	Antoinette Lemire.
57	—	Marcia et les femmes au premier temps du christianisme.
58	—	Marthe Blondel.
59	—	Une faute d'orthographe.
60	**Bouniol.**	A l'ombre du drapeau.
61	—	La caverne de Vaugirard.
62	**Bréhat.**	Aventures d'un petit parisien.
63	—	Les chauffeurs indiens.
64	**Capendu.**	Le chat du bord.
65	—	Marcof le malouin.
66	**Champfleury.**	La succession Le Camus.
67	—	L'usurier Blaizot.
68	**Charles (Edmond).**	La bucheronne.
69	**Chateaubriand.**	Atala.
70	—	Les Natchez.
71	—	Les Martyrs.
72	**Chavanne.**	Histoires instructives.
73	**Cherbuliez.**	Le comte Kostia.
74	—	Le roman d'une honnête femme.
75	—	Paule mère.
76	—	La ferme de Choquard.
77	—	Un cheval de Phidias.
78	—	Le prince Vitale.

79	**Chevalier (E.).**	Peaux rouges et peaux blanches.	
80	—	La fille des Indiens rouges.	
81	**Chazel (Prosper).**	Le châlet des sapins.	
82	—	Histoire d'un forestier.	
83	**Daudet (Mme).**	L'enfance d'une parisienne.	
84	**Daudet (Alph.).**	L'Evangéliste.	
85	—	Fromont jeune et Risler aîné.	
86	—	Lettres de mon moulin.	
87	—	Contes du lundi.	
88	**Daryl (P.).**	Signe Meltroë.	
89	**Delescluze.**	Mlle de Liron.	
90	**Delpit (A.).**	Solange de Croix-Saint-Luc.	
91	**Deslys.**	Le rachat du passé.	
92-93	—	L'héritage de Charlemagne.	(2 vol.).
94	**Desnoyers.**	Robert-Robert.	
95	—	Jean-Paul Choppart.	
96	**Devoile.**	La prisonnière de la tour.	
97	—	La cloche de Louville.	
98	—	Les mémoires d'une mère de famille.	
99-100	**Dumas (Alex.).**	Ange Pitou.	(2 vol.).
101-102	—	Ascanio.	(2 vol.).
103	—	Black.	
104-108	—	Joseph Balsamo.	(5 vol.).
109-111	—	La dame de Monsoreau.	(3 vol.).
112-113	—	La guerre des femmes.	(2 vol.).
114-122	—	La San-Felice.	(9 vol.).
123	—	Le capitaine Aréna.	
124-125	—	Le Coricollo.	(2 vol.).
126-127	—	Le chevalier d'Harmental.	(2 vol.).
128-130	—	Le collier de la reine.	(3 vol.).
131	—	L'horoscope.	
132-133	—	Le page du duc de Savoie.	(2 vol.).
134	—	Le saltéador.	
135-137	—	Les deux Dianes.	(3 vol.).
138-139	—	Les deux reines.	(2 vol.).
140-142	—	Les quarante-cinq.	(3 vol.).
143-144	—	Les trois mousquetaires.	(2 vol.).
145-147	—	Vingt ans après.	(3 vol.).
148-153	—	Le vicomte de Bragelonne.	(6 vol.).
154	—	Sylvandire.	
155	—	Le capitaine Pamphile.	

156	**Enault.**	Alba.	
157	—	Christine.	
158	—	Hermine.	
159	—	Le roman d'une veuve.	
160	—	Nadeja.	
161	—	L'amour én voyage.	
162	—	La robe blanche. Inès.	
163	**Erkmann Chatrian.**	Contes et romans populaires.	
164	—	Le docteur Mathéus.	
165	—	L'ami Fritz.	
166	—	Les deux frères.	
167	—	Le brigadier Frédéric.	
168	—	Le plébiscite.	
169	—	Confidences d'un joueur de clarinette.	
170	—	Le blocus. — La guerre.	
171	—	Waterloo.	
172	—	La maison forestière.	
173	—	Histoire d'un sous-maître.	
174	—	Contes des bords du Rhin.	
175	—	Le grand-père Lebigre.	
176	—	Le conscrit de 1813.	
177-180	—	Histoire d'un paysan.	(4 vol.).
181	**Feuillet** (**O.**).	La veuve.	
182	—	Sybille.	
183	—	Billah.	
184	—	M. de Camors.	
185	—	La petite comtesse.	
186-187	**Feval (Paul).**	Le bossu ou le petit parisien.	(2 vol.).
188-189	**Ferry (G.)**	Le coureur des bois.	(2 vol.).
190	—	Les squatters.	
191	**Fleuriot** (**Jenaïde**).	Sans beauté.	
192	—	Sans nom.	
193	—	La clef d'or.	
194	—	Ce pauvre vieux.	
195	—	Eve.	
196	—	Une année de la vie d'une femme.	
197	—	Marquise et pêcheur.	
198	—	Une famille bretonne.	
199	—	Un cœur de mère.	
200	—	Les mauvais jours.	
201	—	Mes héritages.	

202	**Fleuriot (Jenaïde).**	Deux bijoux.	
203	—	Aigle et colombe.	
204	—	Armelle Trahec.	
205	—	La vie en famille.	
206	—	Histoire pour tous.	
207	—	A l'aventure.	
208	—	Mon sillon.	
209	—	Marga.	
210	—	Souvenirs d'une douairière.	
211	—	Yvonne de Coatmorvan.	
212	—	Petite belle.	
213	—	Au hasard.	
214	—	Une parisienne sous la foudre.	
215	—	Notre passé.	
216	—	La glorieuse.	
217	—	Le chemin et le but.	
218	—	Réséda.	
219	—	Une histoire intime.	
220	—	Le théâtre chez soi.	
221-222	—	Les pieds d'Argile.	(2 vol.).
223-224	—	Les prévalonnais.	(2 vol.).
225-226	—	Alix.	(2 vol.).
227	**Fournel (V.).**	Figures d'hier, figures d'aujourd'hui.	
228	**Galland.**	Les mille et une nuits.	
229	**Gauthier (Th.).**	Les grotesques.	
230-231	—	Le capitaine Fracasse.	(2 vol.).
232-233	**Genlis (de).**	Adèle et Théodore.	(2 vol.).
234	—	Les petits émigrés.	
235-236	—	Les veillées du château.	(2 vol.).
237	**Giffard.**	Le sieur de va-partout.	
238	**Girard.**	Le père tropique.	
239	—	Voyages et aventures de Mauny.	
240	**Girardin (Mme).**	Nouvelles.	
241	—	La croix de Berny.	
242	—	Contes d'une vieille fille à ses neveux.	
243	**Gonzalès.**	La servante du diable.	
244	**Gréville (Henry).**	Perdue.	
245	—	Un crime.	
246	—	Folle Avoine.	
247	—	Mme de Dreux.	
248	—	Autour d'un phare.	

249	**Gréville (Henry).**	Suzanne Normis.	
250	—	Princesse Oghéroff.	
251	—	Lucie Rodhey.	
252	—	Ariadne.	
253	—	Sonia.	
254	—	La Niania.	
255	—	Marier sa fille.	
256	—	A travers champs.	
257	—	Les mariages de Philomène.	
258	—	Les épreuves de Raïssa.	
259	—	Croquis.	
260	—	Expiation de Savelli.	
261-262	—	Le moulin Frappier.	(2 vol.).
263-264	—	Un violon russe.	(2 vol.).
265-266	—	Les Koumiassine.	(2 vol.).
267	**Hallévy (L.).**	Un mariage d'amour.	
268	—	L'abbé Constantin.	
269	—	Criquette.	
270	**Haussonville.**	Robert Emmet.	
271-272	**Hugo (Victor).**	Notre-Dame de Paris.	
273	**Karr (Alp.).**	La famille Alain.	
274	—	Clovis Gosselin.	
275	—	Geneviève.	
276	—	Rose et Jean Duchemin.	
277	**Krudener (Mme).**	Valérie.	
278	**La Blanchère.**	Aventures de La Ramée.	
279	**Laboulay.**	Abdallah.	
280	**La Landelle.**	La meilleure part.	
281	—	Rouget et Noiraud.	
282	**Lamartine.**	Histoire d'une servante.	
283	**La Prade.**	En France et en Turquie.	
284	**Legouvé.**	Edith de Falsen.	
285	—	Conférences parisiennes.	
286	**Le Sage.**	Gil-Blas.	
287	**Livonnière (de).**	Deux frères.	
288	—	La dynastie des Fouchards.	
289	**Louiseau-Bijot.**	Veillées amusantes.	
290	**Mallefille (de).**	Le collier.	
291	**Malot (Hector).**	Romain Kabris.	
292	—	Les millions honteux.	
293	—	Miss Clifton.	

294-295	**Malot (Hector).**	Sans famille.	(2 vol.).
296-297	**Maquet (A.).**	La maison du baigneur.	(2 vol.).
298-300	—	Le comte de Lavernie.	(3 vol.).
301	**Marcel.**	Les tuteurs d'Odette.	
302	**Mar-Monnier.**	Un détraqué.	
303	**Marin Livonière.**	La chambre des ombres.	
304	**Marmier (X.).**	Au bord de la Néva.	
305	—	Aventures d'une colonie d'émigrants.	
306	—	Gazida.	
307	—	Hélène et Suzanne.	
308	—	Histoires allemandes et scandinaves.	
309	—	Histoire d'un pauvre musicien.	
310	—	Les âmes en peine.	
311	—	Le roman d'un héritier.	
312	—	Les fiancés du Spitzberg.	
313	—	Mémoire d'un orphelin.	
314	—	Nouvelles danoises.	
315	—	Sous les sapins. Nouvelles du nord.	
316	—	En été au bord de la Baltique.	
317	**Martineau du Chenez.**	La Marquise de Satin-Vert.	
318-321	**Marryat.**	Japhet.	(4 vol.)
322	**Mary Lafon.**	La peste de Marseille.	
323	**Mary (Jules).**	Le docteur Madelor.	
324	**Méry.**	Contes et Nouvelles.	
325	—	Héva.	
326	—	La Floride.	
327	—	La guerre du Nizam.	
328	—	Le château des Trois-Tours.	
329	**Moléri.**	Clément Toussaint.	
330	**Monteneclos.**	Voyage de l'oncle Charles.	
331	**Monniot.**	Raphaël de Merans.	
332	**Nodier.**	Contes de la veillée.	
333	—	Romans.	
334	—	Nouvelles.	
335	**Ohnet (Georges).**	Serge Panine.	
336	—	La comtesse Sarah.	
337	—	Le maître de forges.	
338	**Peyrebrune (de).**	Jean Renard.	
339	**Ponson du Terrail.**	Le nouveau maître d'école.	
340	**Pontmartin.**	La fin du procès.	
341	—	Mémoires d'un notaire.	

342	**Pouvillon.**	L'innocent.
343	**Pressensé (M. de).**	La maison Blanche.
344	**Rabusson (H.).**	Le roman d'un fataliste.
345	**Raymond.**	Julie Gouraud.
346	**Raybaud.**	Jérome Paturot à la recherche d'une République.
347	—	Id. d'une position sociale.
348	—	Le cabaret de Gaubert.
349	—	Les deux Marguerites.
350	**Rivière (Henry).**	La jeunesse d'un désespéré.
351	—	Madame Malpeyre.
352	—	Les fatalistes.
353	—	Le meurtrier d'Albertine Renouf
354	**Rondelet.**	Un drame dans un omnibus.
355	**Saint-Briac (de).**	Jobic le corsaire.
356	**Saint-Germain.**	Pour une épingle. Le chalet d'Auteuil.
357	**Saintine.**	Le chemin des écoliers.
358	—	Picciola.
359	—	Seul.
360-361	**Sand (Georges).**	Les beaux messieurs de Bois Doré. (2 vol.).
362-363	—	Le péché de monsieur Antoine (2 vol.)
364-366	—	L'homme de neige. (3 vol.).
367	—	André.
368	—	Les maîtres mosaïstes.
369	—	La mare au diable. La petite Fadette.
370	—	Le marquis de Villemer.
371	—	Mont-Revêche.
372	—	La famille de Germandre.
373	—	Mauprat.
374	—	François le Champi.
375	—	La mare au diable.
376-377	—	Le château des Désertes. (2 vol.).
378	**Sandeau (Jules).**	Catherine.
379	—	La maison de Penarvan.
380	—	Sacs et parchemins.
381-382	—	Un héritage. (2 vol.).
383	—	Valcreuse.
384	—	La Roche-aux-Mouettes.
385	—	Madeleine.
386	—	Mlle de Seiglière.

387	**Sandeau (Jules).**	Le docteur Herbeau.	
388	—	Nouvelles.	
389	**Ségur (comtesse de).**	Mémoire d'un âne.	
390-391	**Souvestre.**	Pierre et Jean.	
392-393	—	Deux misères.	(2 vol.).
394	—	Un philosophe sous les toits.	
395	—	Les clairières.	
396	—	Sous la tonnelle.	
397	—	Confession d'un ouvrier.	
398	—	Soirées de Meudon.	
399	—	Mémorial de famille.	
400	—	Souvenirs de vieillard.	
401	—	Sous les filets.	
402	—	Pendant la moisson.	
403-404	—	Les derniers Bretons.	(2 vol.).
405	**Stahl (J.).**	Les patins d'argent.	
406	**Tallon.**	L'auberge de Spessart.	
407	**Theuriet (André).**	Toute seule.	
408	—	Eusèbe Lombard.	
409	—	Péché mortel.	
410	—	La fortune d'Angèle.	
411	—	Sous bois.	
412	**Theuriet (André).**	Raymonde.	
413	—	Le mariage de Gérard.	
414	—	Le filleul d'un marquis.	
415	**Uchard.**	Raymond.	
416	**Ulbach.**	Histoire d'une mère et de ses enfants.	
417	**Urbain (Olivier).**	L'hiver.	
418	**Uliac Trémadeure.**	Secrets du foyer domestique.	
419-420	**Varreux.**	Le château de Monthéry.	(2 vol.).
421	**Veilles (E. de).**	Au coin du feu du pasteur.	
422-423	**Walsh.**	Le fratricide.	(2 vol.).
424	**Woillez.**	L'orpheline de Moscou.	

Série J. — Théâtre.

1	**Auger.**	Théâtre de Racine.	
2	**Beaumarchais.**	Théâtre.	
3-7	**Corneille.**	Tragédies.	(5 vol.).
8	—	Chefs-d'œuvre.	
9-10	**Crébillon.**	Tragédies.	(2 vol.).

11-13	**Crébillon.**	Tragédies.	(3 vol.).
14	**Florian.**	Les arlequinades.	
15-16	**Goëthe.**	Drames et tragédies.	(2 vol.).
17	—	Le second Faust.	
18-21	**Hugo (Victor).**	Théâtre.	(4 vol.).
22-27	**Molière.**	Comédies.	(6 vol.).
28	—	Don-Juan. Les précieuses.	
29	—	Le misantrope. Les femmes savantes.	
30	—	L'avare. George Dandin.	
31	—	Le malade imaginaire. Les fourberies de Scapin.	
32	—	L'école des femmes.	
33	—	L'étourdi.	
34	—	Le bourgeois gentilhomme.	
35-37	—	Œuvres complètes	(3 vol.).
38-40	**Pixerécourt.**	Théâtre choisi.	(3 vol.).
41-46	**Racine.**	Tragédies.	(6 vol.).
47	**Régnard.**	Théâtre.	
48-51	—	Comédies.	(4 vol.).
52	**Rémusat.**	La Saint-Barthélémy.	
53	**Shakespeare.**	Chefs-d'œuvre.	
54-56	**Voltaire.**	Tragédies.	(3 vol.).
57-64	—	Théâtre.	(8 vol.).
65	—	Théâtre dramatique.	
66-78	**Répertoire du Théâtre.**	Tragédies.	(13 vol.).
79-81	—	Grands opéras.	(3 vol.).
82-103	—	Comédies en vers.	(22 vol.).
104	—	Opéras comiques en vers.	
105-108	—	Drames en prose.	(3 vol.).
109-137	—	Comédies en prose.	(29 vol.).
138-145	—	Opéras comiques en prose.	(8 vol.).
146-155	—	Vaudevilles.	(10 vol.).
156-158	—	Variétés.	(3 vol.).
159-160	—	Proverbes.	(2 vol.).
161	**Molière.**	Tartuffe. Le dépit amoureux.	
162	**Bornier (de).**	La fille de Roland (drame).	
163	**Erckmann Chatrian.**	L'ami Fritz (comédie).	
164	**Manuel.**	Les ouvriers (drame).	
165	**Picard.**	Le collatéral.	
166	**Ponsart.**	L'honneur et l'argent.	
167	**Vacquerie.**	Jean Baudry.	

Série K. — Publications périodiques, Variétés et Mélanges.

1-42		Magasin d'Education et de Récréation.	(42 vol.).
54-109		Musée des Familles.	(56 vol.).
120-173		Magasin Pittoresque.	(52 vol.).
185-210		Journal de la jeunesse.	(27 vol.).
225-236		Monde illustré.	(12 vol.).
237-275		Illustration.	(41 vol.).
279-285		Univers illustré.	(7 vol.).
295-343		Revue des deux Mondes.	(47 vol.).
344-346		Revue politique et littéraire.	(3 vol.).
350	**Anonyme.**	Le véritable Sancho Pança.	
351	—	Histoire de Fortunatus.	
352	—	La ferme de Valcomble.	
353	—	Proverbes français et étrangers.	
354-359	—	Mémoires de tous.	(6 vol.).
360-361	—	Histoire pittoresque des cathédrales et églises du monde.	(2 vol.).
362	—	Metz, campagne et négociations.	
363-365	—	Recherches philosophiques sur les Américains.	(3 vol.).
366	—	Paris et Londres (nouvelles).	
367	—	La Russie de l'avenir.	
368-381	—	Revue de Paris.	(14 vol.).
382	—	Histoire de Djouder le pêcheur.	
383	**About (Ed.).**	Alsace (1871-1872).	
384	—	Le progrès.	
385	—	Causeries.	
386	**Alembert (d').**	Sur la destruction des Jésuites.	
387	**Assolant.**	La bataille de Laon.	
388	**Balleydier.**	Veillées du peuple.	
389	—	Veillées maritimes.	
390	—	Au bord de la mer.	
391	**Bawr (de).**	Contes pour les enfants.	
392	**Bataille.**	Le foyer leucquois.	
393	**Béchade.**	La chasse en Algérie.	
394	**Belgiogoso.**	Scènes de la vie turque.	
395	**Bernard.**	Les évasions célèbres.	
396	**Bernardin de S.-Pierre**	Paul et Virginie.	

397 **Berthet (Elie).** L'enfant des bois.

398 **Beulé.** Le drame du Vésuve.

399 **Beuiller.** Du plaisir et de la douleur.

400 **Bigot.** Le petit Français.

401 **Blowitz.** Une course à Constantinople.

402 **Bomlaton et Robert.** La Commune et ses idées.

403 **Bombonnel.** Les chasses.

404 **Boucher.** L'invasion à Orléans (1870-1871).

405 **Broglie (de).** Une réforme administrative en Afrique

406 **Bussy (de).** Veillées sur terre et sur mer.

407 **Du Camp.** Les six aventures.

408 **Carraud (Mme).** Une servante d'autrefois.

409 — La petite Jeanne.

410 — Maurice ou le travail.

411 **C... (de).** Chasses et voyages.

412 **C. D.** L'armée de hier et l'armée de demain.

413 **Chasserian.** Elie.

414 **Chedeville (de).** Chasses et pêches.

415 **Cherbonneau.** Djouder le pêcheur.

416 417 **Cochelet.** Naufrage du brick la Sophie. (2 vol.).

418 **Colomb (Mme).** Le violoneux de la Sapinière.

419 **Déodati.** Lettre d'une Péruvienne.

420 **Dumas (Alex.).** Histoire des bêtes.

421 — Une année à Florence.

422 — La villa Palmierii.

423 — Quinze jours au Sinaï.

424-427 — La Russie. (4 vol.).

428-429 — Le Véloce. (2 vol.).

430-432 — Le Caucasse. (3 vol.).

433-434 — De Paris à Cadix. (2 vol.).

435-436 — Le Speronare. (2 vol.).

437-439 — La Suisse. (3 vol.).

440-441 — Le midi de la France. (2 vol.).

442-443 — Les bords du Rhin. (2 vol.).

444 **Dusolier (Alcide).** Nos gens de lettres.

445 **Enault.** Paris brûlé par la Commune.

446 **Essarts (des).** La richesse des pauvres.

447 **Fornel.** Campagne de l'Invincible.

448 **Fournel.** Vacances d'un journaliste.

449 **Gasparin (de).** Pensée de liberté.

450 — L'Amérique devant l'Europe.

451	**Gasparin (de).**	Le bon vieux temps.	
452-453	—	La famille.	(2 vol.).
454	—	Le bonheur	
455	**Gasparin (de).**	L'ennemi de la famille.	
456	—	Ecole du doute.	
457-458	—	Liberté morale.	(2 vol.).
459	—	Luther.	
460-461	—	La France.	(2 vol.).
462	—	Un grand peuple qui se relève.	
463	**Girardin.**	Les braves gens.	
464	—	L'oncle Placide.	
465	—	Nous autres.	
466	**Gérard (J.).**	Le tueur de lions.	
467	**Gombaux.**	Nouvelles.	
468	**Gourraud (Mlle).**	Lettres de deux poupées.	
469	**Grandmaison.**	Aventures de Lazarilles de Tormes.	
470-471	**Graven (Mme).**	Récits d'une sœur.	(2 vol.).
472-473	**Guérin.**	Journal-lettres.	
474	**Guérin (Mme).**	—	
475	**Guettier.**	Histoire des écoles nationales d'arts et métiers.	
476	**Guijot.**	Un projet de mariage royal.	
477	—	L'amour dans le mariage.	
478	**Henty.**	Les jeunes francs-tireurs.	
479	**Higgnisson.**	Vie militaire dans un régiment noir.	
480	**Huguet.**	Bon voyage ou l'art de voyager.	
481-482	**Hugo (Victor).**	Histoire d'un crime.	(2 vol.).
483	**Jolly.**	Le tabac et l'absinthe.	
484	**Jonchères.**	Clovis Bourbon.	
485	—	Les horizons célestes.	
486	**Jonvaux.**	Histoire de quatre ouvriers anglais.	
487	**Joubert.**	La jeunesse du doyen.	
488	**Jussieu.**	Charlotte Champain.	
489	—	Clou Grangambe ou bon à suivre.	
490	**Laboulay.**	Souvenirs d'un voyageur.	
491	**Lacombe.**	Les armes et les armures.	
492	**Ladoucette.**	Robert et Léontine.	
493	**La Landelle.**	Les quarts de nuit.	
494	—	3e —	
495	—	4e —	
496	—	5e —	

497 **La Landelle.** 6e Les quarts de nuit.
498 — Nouveaux quarts de nuit.
499 — Les quarts de jour.
500 — Trois quarts de jour.
501 **Lalanne.** Curiosités bibliographiques.
502 **Lamartine.** Le conseiller du peuple.
503 **Larchey (L.).** Journal d'un volontaire de 92.
504 **Lavallée.** La chasse à tir en France.
505 **La Ville-Marquée.** Légende celtique.
506 **Lefranc.** La République et les partis (1848 1852).
507 **Legouvé.** Nos fils et nos filles.
508 — Histoire morale des femmes.
509 **Lelut.** La phrénologie.
510 **Léo Lespès.** Spectacle de ma fenêtre.
511 **Le Sueur.** Petite mytologie.
512 **Macé.** Contes du petit château.
513 **Marguerite (général).** Chasse de l'Algérie.
514 **Masson.** Le dévouement.
515 **Mathieu-Pernet.** Victor Blanchet.
516 **Melun (de).** Histoire d'un village.
517 **Mérimée.** Colomba.
518 — Chronique du temps de Charles IX.
519 **Mézières.** La société française.
520 **Michel Masson.** Contes à lire en famille.
521 — Les lectures en famille.
522 **Michelet.** Les femmes.
523 — Légendes du nord.
524 **Monnier (Marc).** Brigandage dans l'Italie méridionale.
525 — Paris et la province.
526-527 **Monnier (Henry).** Joseph Prudhomme. (2 vol.).
528 **Monselet.** Récits de table.
529 **Mortimer d'Ocagne.** Les grandes écoles de la France.
530 **Navery (de).** La Cendrillon du village.
531 **Nodier.** Contes fantastiques.
532 **Pavie.** Récits de terre et de mer.
533 **Pelletan.** Jarousseau.
534 **Perrault.** Contes de fées.
535 **Pessart.** Yo, fantaisie chinoise.
536 **Prévost Paradol.** La France nouvelle.
537 **Quéant (abbé).** Gerbert ou Sylvestre II et le siècle de fer.

538	**Rambaud.**	Français et Russes.
539	**Ratisbonne.**	Comédies enfantines.
540	**Raybaud (Mme).**	Sydonie.
541	**Reiber.**	Etudes gambrinales.
542	**Rendu.**	Souvenirs d'un officier du 2e zouaves.
543	**Révoil.**	Chasses dans l'Amérique du Nord.
544-545	**Robert-Houdin.**	Confidences. (2 vol.).
546	**Rondelet.**	Mémoires d'Antoine.
547	**Saintine.**	Mytologie du Rhin.
548	**Ségur (comtesse de).**	La sœur de Gribouille.
549	**Simon (Jules).**	La politique radicale.
550	**Solis.**	Aventures d'une mouche.
551	**Staël (Mme de).**	L'Allemagne.
552	**Stahl.**	Morale familière.
553	—	Histoire d'un âne
554	—	Maroussia.
555	**Stauben.**	Scènes de la vie juive en Alsace.
556	**Stern (D.).**	Esquisses morales.
557	**Sterne (L.).**	Voyage sentimental en France.
558-560	**Suzanne (général).**	Histoire de la cavalerie. (3 vol.).
561	—	Histoire de l'artillerie.
562	**Swift.**	Gulliver.
563	**Terson.**	Les derniers Numides.
564	**Thiriat.**	Journal d'un solitaire.
565	**Tissot.**	Voyage au pays des milliards.
566	**Timon.**	Entretiens de village.
567-569	**Tocqueville (de).**	Démocratie en Amérique. (3 vol.).
570	—	Ancien régime.
571	**Vacherot.**	La démocratie.
572	**Vacquerie.**	Profils ou grimaces.
573	**Vanier.**	Les 28 jours d'un réserviste.
574	**Vallery Radot.**	Journal d'un volontaire d'un an.
575	**Viardot.**	Souvenirs de chasses.
576	**Vautier.**	Le pays d'un merle-blanc.
577	**Vigny (de).**	Grandeur et servitudes volontaires.
578	**Viollet-le-Duc.**	Histoire d'une maison.
579	**Vimont.**	Histoire d'un navire.
580-583	**Wagner.**	Voyage de découvertes dans la maison et aux alentours. (4 vol.).
584	**Wey.**	Les Anglais chez eux.
585	—	Dick Moom en France.

586	**Wiseman (caporal).**	Fabiola.
587	**Woillen.**	Les jeunes ouvrières.
588	—	Les veillées de l'ouvroir.
589-590	—	Journal des bibliothèques populaires. (2 vol.).

Série L. — Agriculture.

1	**Anonyme.**	Statistique agricole.
2	**Joignaux.**	Causerie sur l'agriculture.
3	—	Les champs et les prés.
4	—	Le jardin potager.
5	—	Conférences sur le jardinage.
6	**Lafayette (de).**	L'agriculture progressive.
7	**Lavergue.**	Economie rurale de l'Angleterre.
8	—	— de la France.
9	**Lefour.**	Constructions rurales.
10	—	Sol et engrais.
11	**Malagutte.**	Chimie agricole.
12	**Monteil (Alex.).**	Histoire agricole.
13	**Passy.**	Des systèmes de culture.
14	**Poiteau.**	Le bon jardinier.

Série M. — Archéologie.

1	**Anonyme.**	Histoire sur quelques monnaies Lorraines des XIe et XIIe siècles.
2	**Bataille.**	La cathédrale de Toul.
3	**Grandeury (abbé).**	Eglise Saint-Epvre de Nancy.
4	**Guillaume (abbé).**	Cordeliers et Chapelle Ducale à Nancy.
5-39	**Société d'Archéologie.**	Mémoires 1851-1863. } (35 vol.).
	—	Journal 1854-1864. }
	—	Travaux 1829-1845. }

Série N. — Arts et Industrie.

1	**Anonyme.**	Manuel de la fabrication du sucre.
2	—	Biographie des ingénieurs et architectes.
3	—	L'art de la teinture.
4	—	Origine du livre dans l'antiquité.

5	**About**.	Les artistes au salon de 1855.
6	**Bois**.	Les chemins de fer français.
7	**Delon**.	Histoire d'un livre.
8	**Fabre (H.)**.	Le ménage.
9	**Figuier**.	Les grandes inventions.
10	**Guillemin**.	Les chemins de fer.
11-12	**Jacquemart**.	La céramique. (2 vol.).
13	**Labouché**.	Les arts et métiers.
14	**Lefébvre**.	Les merveilles de l'architecture.
15	—	Les parcs et jardins.
16	**Legindre**.	Elements d'industrie manufacturière.
17	**Mangin**.	Les merveilles de l'industrie.
18	—	Variétés industrielles.
19	**Marlès**.	Les cent merveilles des sciences et des arts.
20	**Monteil (Alex.)**.	Histoire de l'industrie française.
21	**Nicklès**.	Rapport sur la fabrique de Dieuze.
22	**Payen**.	Substances alimentaires.
23	**Pontet**.	Manuel du raffineur de sucre.
24	**Regnard**.	Manuel des travaux à l'aiguille.
25	**Renard**.	Les merveilles de l'art naval.
26	—	Les phares.
27	**Rouger**.	La cuisine française.
28	**Saujai**.	La verrerie.
29	**Viardot**.	Les merveilles de la peinture.
30	**Vittet**.	L'académie royale de peinture et de sculpture.

Série O. — Droit usuel.

1	**Anonyme**.	Code civil des français.
2	**Bonne**.	Législature française.
3	**Delapalme**.	Le premier livre du citoyen.
4	**De Lolme**.	Constitution de l'Angleterre.
5	**Mascarel**.	Législation et jurisprudence.
6	**Périssat**.	Eléments du droit commercial.

Série P. — Économie politique.

1	**Audiganne**.	Les ouvriers en famille.
2-3	**Bastiat**.	Sophismes économiques. (2 vol.).
4	—	Ce qu'on voit, ce qu'on ne voit pas.

5	**Bastiat.**	Baccalauréat et socialisme.
6	**Bathie.**	Le crédit populaire.
7	**Baudril et Franck.**	Luxe et travail de la famille.
8	**Beaudrillard.**	Economie politique.
9	**Blanqui.**	Précis élémentaire d'économie sociale.
10	**Clamargeran.**	Résultat du travail national depuis 1872.
11	—	Compte-rendu de l'Assemblée générale du travail.
12	—	Le 1er septembre 1878.
13	**Enfantin.**	Correspondances politiques.
14	**Conférences de Vincennes.**	Le mineur de Californie.
15	—	Sociétés coopératives de crédit.
16	—	Les prix Montyon.
17	**Dupuis.**	Lettres de change.
18	**Frary.**	Manuel du démagogue.
19	**Garnier.**	Premières notions d'économie politique.
20	—	Eléments des finances.
21	**Gilbeau.**	Principes du commerce chez les anciens.
22-29	**Harriet Martineau.**	Contes sur l'économie politique. (8 v.).
30	**Jussieux.**	Le camp, la fabrique et la ferme.
31	**Lacombe (F.).**	Etude sur les socialistes.
32-33	**Laurent.**	Le paupérisme et les associations (2 v.).
34	**Lefèvre (E.).**	Pauvre Jacques.
35	**Le Hardy.**	Salaires.
36	**Lemachois.**	Nancy à l'Exposition de Metz.
37	**Le Prévost.**	Chroniques du patronage.
38	**Lescanet.**	Economie sociale.
39	**Leymarie.**	Tout par le travail.
40	**Modeste.**	De la cherté des grains.
41	**Paris (comte de).**	Associations ouvrières.
42	**Passy.**	Les machines et leur influence.
43	**Pellant.**	L'art de s'enrichir.
44	**Picot (G.).**	Le devoir social et les logements d'ouvriers.
45	**Reybault.**	L'industrie en Europe.
46	**Rivier.**	Entretiens d'un fabricant avec ses ouvriers.

47	**Say**.	Traité d'économie politique.
48-49	**Schulze-Delitzch**.	Economie politique. (2 vol.).
50-70	**Sonnini**.	Bibliothèque économique. (21 vol.).
71	**Stirling**.	Philosophie du commerce.
72	—	De la découverte des mines d'or.
73	**Sudre**.	Histoire du communisme.
74	**Thévenin**.	Cours d'économie industrielle.
75	**Trescat**.	Vente à l'Exposition de Paris en 1885.
76	—	Etude sur l'Exposition de Londres en 1862.
77	**Véron**.	Les associations ouvrières.
78	**Warlas**.	Les associations populaires.
79	**William (Ellis)**.	Leçons de science sociale.

Série Q. — Hygiène et Médecine usuelle.

1	**Anonyme**.	Voyage en France à la recherche de la santé.
2	**Descieux**.	Manuel d'hygiène.
3	**Meunier**.	Le docteur au village.
4	**Nigthingale**.	Soins à donner aux malades.
5	**Portal**.	Effets des vapeurs méphitiques.
6	**Saucerotte**.	Guide auprès des malades.
7	**Tesserau**.	Cours élémentaire d'hygiène.
8	**Tripier**.	La vie à la santé.
9	**Turck**.	Médecine populaire.
10	—	La vieillesse.
11-12	**Vernois**.	Traité pratique d'hygiène. (2 vol.).
13	**Girette (Jules)**.	La civilisation et le choléra.

Série R. — Littérature scientifique.

1	**Bruyssel**.	Les clients d'un vieux poirier.
2	**Cap**.	La science et les savants au XVe siècle.
3	**Carreau (Mme)**	Métamorphoses d'une goutte d'eau.
4	**Depping**.	Les merveilles de la force et de l'adresse.
5	**Dupaigne**.	Les montagnes.
6	**Faraday**.	Histoire d'une chandelle.
7-20	**Figuier**.	L'année scientifique. (14 vol.).
21-24	—	Les découvertes scientifiques. (4 vol.).

25-28	**Figuier.**	Histoire du merveilleux. (4 vol.).
29	—	L'homme primitif.
30	**Garrigues.**	Simples lectures sur les sciences.
31	**Gaumont.**	Les curiosités scientifiques.
32	**Grimard.**	La goutte de sève.
33	**Hément.**	Histoire d'un morceau de charbon.
34	**Hughes.**	Ma maison.
35	**Julien.**	Harmonies de la mer.
36	**Lecomte.**	Lettres choisies sur les sciences.
37	**Longchêne.**	Le monde souterrain.
38	**Lonandre.**	Dictionnaire des sciences.
39	**Macé.**	Histoire d'une bouchée de pain.
40	—	Les serviteurs de l'estomac.
41	**Magny.**	Histoire d'un morceau de verre.
42	**Mangin.**	Délassements instructifs.
43	—	La navigation aérienne.
44	**Marion.**	Les ballons et les voyages aériens.
45	**Margollé.**	Les ascensions célèbres.
46	—	Les glaciers.
47	—	Les météores.
48	—	Les tempêtes.
49	—	Les volcans et les tremblements de terre.
50	**Maury.**	La terre et l'homme.
51	—	La magie et l'astrologie.
52	**Meunier.**	La science et les savants en 1864 et 1865.
53	—	Les grandes chasses.
54	—	Les grandes pêches.
55	**Nicklès.**	Revue des travaux de chimie.
56	—	Congrès scientifique de Carlsruhe.
57	—	L'enseignement scientifique au village
58	—	Les sciences d'observation.
59	**Parville (de).**	Un habitant de la planète Mars.
60	**Pape-Carpentier.**	Secret d'un grain de sel.
61	**Ramée.**	Histoire des inventions découvertes et institutions humaines.
62	**Rambosson.**	La science populaire.
63	**Reclus (Elisée).**	Les continents.
64	—	Les mers et les météores.
65-94	**Regnier.**	Encyclopédie moderne. (30 vol.).

95 **Saint-Germain.** Les serviteurs et les commensaux de l'homme.
96 **Simonin.** Les merveilles du monde souterrain.
97 **Sonnel.** Le fond de la mer.
98-102 **Thévenin.** Entretiens populaires. (5 vol.).
103 **Tissandier.** Histoire de mes ascensions.
104 — Les poussières de l'air.
105 — L'eau.
106 — La houille.
107-113 **Turgan.** Les grandes usines. (7 vol.).
114 **Tschudi.** Le monde des Alpes.
115 **Vilain.** Histoire d'un grain de sel.
116 **Wiliam.** Mystère d'une bougie.
117 **Wenelet.** Histoire du livre en France.
118 **Tyndall.** Dans les Montagnes.

Série S. — Sciences exactes.

ARITHMÉTIQUE

1 **Ouvrier Delille.** Arithmétique.

BOTANIQUE

2 **Bocquillon.** La vie des plantes.
3 **Figuier.** Histoire des plantes.
4-5 **Godron.** La flore Lorraine. (2 vol.).
6 **Grimod.** L'esprit des plantes.
7 **Jehan.** Botanique et physiologie végétale.
8 **Karr (Alp.).** Promenade autour de mon jardin.
9 **Lerolle.** Botanique appliquée à la culture.
10 **Marion.** Les merveilles de la végétation.
11 **Noël.** La vie des fleurs.

CHIMIE

13 **Fabre.** Chimie élémentaire.
14 **Jacotot.** Traité de chimie.
15 **Mangin.** Les poisons.
16 **Nicklès.** Recherches sur le fluor.
17-18 **Riffaut.** Chimie des gens du monde. (2 vol.).
19 **Woehler.** Eléments de chimie.

COSMOGRAPHIE

20 **Bertrand.** Les fondateurs d'astronomie moderne.
21 **Fabre.** Le ciel.

22	**Flammarion.**	Les merveilles célestes.	
23	**Guillemin.**	La lune.	
24	—	Le soleil.	
25-27	**Menitelle.**	Cosmographie.	(3 vol.).

GÉOLOGIE

28	**Berthoud.**	Aventures d'un géant.	
29	**Bertrand.**	Révolutions du globe.	
30	**Bodin.**	Grottes et cavernes.	
31-32	**Braconnier.**	Sol du départ. de Meurthe-et-Moselle.	
33	**Chevallier.**	Géologie contemporaine.	
34	**Fabre.**	La terre.	
35	**Figuies.**	La terre avant le Déluge.	
36	—	La terre et les mers.	
37	**Guillemin (A.).**	Les mondes.	
38	**Jouvencel.**	Les commencements du monde.	
39	**Meunier.**	Les animaux d'autrefois.	
40	**Pape (Mme).**	Géométrie de la nature.	
41	**Reynaud.**	Les minéraux usuels.	
42	**Serres.**	Cosmogonie de Moïse.	
43	—	La création de la terre et des corps célestes.	

HISTOIRE NATURELLE

45	**Berthoud.**	L'esprit des oiseaux.	
46	**Bourassée.**	Histoire naturelle des oiseaux.	
47	**Bornare.**	Dictionnaire d'histoire naturelle.	
48-51	**Buffon.**	Œuvres choisies.	(4 vol.).
52-155	—	Histoire naturelle.	(104 vol.).
156	**Darwin.**	Le vers de terre.	
157	**Girard.**	Les métamorphoses des insectes.	
158	**Fabre.**	Science élémentaire. Les auxiliaires.	
159	—	— Les serviteurs.	
160	—	— Les ravageurs.	
161	**Figuier.**	Les mammifères.	
162	—	La vie et les mœurs des animaux.	
163	**Flourens.**	Intelligence des animaux.	
164	—	Histoire des travaux de Cuvier.	
165	**Hément.**	Histoire naturelle.	
166	**Husley.**	Physiologie élémentaire.	
167	**Landrin.**	Les monstres marins.	

168	**Lefèvre.**	Les oiseaux utiles.
169	**Ménaux.**	L'intelligence des animaux.
170	**Meunier.**	Les animaux à métamorphoses.
171	**Michelet.**	L'oiseau.
172	—	L'insecte.
173-175	**Milne-Edwards.**	Entretien d'histoire naturelle. (3 vol.).
176	**Mouton.**	Zoologie morale.
177	**Le Pileur.**	Le corps humain.
178	**De Quatrefages.**	L'espèce humaine.
179	**Rendu.**	L'intelligence des bêtes.
180	—	Mœurs des insectes.
181	—	Les animaux de France.
182	**Roger.**	Les monstres invisibles.
183	**Toussenel.**	L'esprit des bêtes.
184	**Vogt.**	Animaux utiles.
185	**Ysabeau.**	Entretien sur les insectes nuisibles.
186	—	— insectes utiles.

PHYSIQUE

187-194	**Babinet.**	Sciences d'observation et leur application. (8 vol.).
195	**Baille.**	Electricité.
196	**Castillon.**	Récréations physiques.
197	**Cazin.**	La chaleur.
198-200	**Delaistre.**	Science de l'ingénieur. (3 vol.).
201	**Fabre.**	Physique.
202	—	Histoires scientifiques.
203	**Fonvieille.**	Les merveilles du monde invisible.
204	—	Eclairs et tonnerre.
205	**Guillemin.**	La vapeur.
206	**Jacquotot.**	Traité de physique et d'histoire naturelle.
207	**Jussieu.**	Traité de physique.
208-209	**Hauy.**	Le feu du ciel.
210	**Mangin.**	L'optique.
211	**Marion.**	L'hydralique.
212	**Mazzy.**	L'air.
213	**Moitessier.**	La lumière.
214	—	Odeurs et saveurs.
215	**Nicklès.**	Le moteur des convois dans les grands tunnels.
216	—	

217	**Nicklès.**	Les électro-aimants.
218	**Radan.**	L'accoustique.
219	**Sigaud de Lafon.**	Cabinet de physique.
220	**Zurcker.**	Les phénomènes de l'atmosphère.
221	**X...**	Le hachych.

TROISIÈME DIVISION. — LIVRES ALLEMANDS

1	**Bodemann.**	J.-G. Lavater.
2	**Jung Stilling.**	Lebens geschiele.
3	**Horn.**	James Kook.
4	—	George Stephenson.
5	—	James Watt.
6	—	Abraham Lincoln.
7	**Hoffmann.**	Reisen und Entdeckungen.
8	**Reisen.**	Leben und Reisen.
9	**J. Franklin.**	Der Ober-Rhein.
10	**Lutz.**	Reise nach Japon.
11	**Kœrber.**	Die Manilla Galleone.
12	—	Die Beduinen der Sahara.
13	—	Dorfgeschichten.
14	**Auerbach.**	Maria, das Blumenmadchen.
15	**J. Hoffmann.**	Die Geschwister.
16	—	Der Zerbrochene Becher.
17	—	Capitain Tisdale.
18	—	Ich sehe Dich Schon.
19	—	Der Schmück der Mutter.
20	—	Californien in der Heimath.
21	**Richard Baron.**	Die Ueberschwemmung.
22	—	Das Sonntagskind.
23	—	Das Testament.
24	—	Das Christfest.
25	—	Freundschaft und Rache.
26	—	Aus dem Leben, zweier Schüler.
27	—	Zwei feindliche Brüder.
28	—	Aus Nacht züm Licht.
29	—	Geschichte eine jungen Malers.
30	—	Der Kleine Robinson.

31	**Franz Hoffmann.**	Der Henkeldukrten.
32	—	Liebe deinen Nachsten.
33	—	Das Gott thut, ist wohlgethan.
34	—	Hausliche Abende.
35	—	Die mit Thranen saen, werden mit
36	—	Freuden erudten.
37	—	Toby und Maly.
38	—	Treue Kinlesliebe.
39	—	Die Macht des Goldes.
40	—	Heute mir, morgen dir.
41	—	Ein Millionar.
42	—	Wie Einer ein Wallsischfauger wurde.
43	**Von Horn.**	Das Erdbeben von Lissabon.
44	—	Der Finger Gottes.
45	**Philipp Kœrber.**	Der Postmeister.
46	—	Unter den Palmen.
47	—	Boutekoc.
48	—	Phocion.
49	**Jérenias Gotthelf.**	Leiden und Freuden eines Schulmeisters.
50	**Gustave Rieritz.**	Der Cantor von Seeberg.
51	—	Die Auswauderer.
52	—	Der Landprediger.
53	—	Die Wunderpfeife.
54	—	Leier und Geige.
55	—	—
56	**C. Schmitt.**	Gesammelte Schriften (1ster Baud).
57	—	— (2te Baud).
58	**H. Zschokke.**	Gesammelte Schrifien (1ster Theil).
59	—	— (2ter Theil).
60	—	Novellen und Distungen.
61	—	Das Schweizervolk.
62	**Glaubrecht.**	Der Zigenner.
63	**Feller.**	Das Unterhalsung.
64	—	— 2e série.
65	—	— 3e série.
66	**Friedrich-Friedrich.**	Der Politzeithyrann.
67	**Goldschmith.**	Der Landprediger von Wakefield.
68	**Holst.**	Sicialianische Novellen.
69	**Hærter.**	Iugend garten.
70	**Karoline Litzmann.**	Der Rathschreiber.

71	**Maubert.**	Der Kuze Mantel.
72	**Meuk-Dittmarsch.**	Volkskalender aüf das Iahr 1857.
73	**Skolberg.**	Capitain Heldeu Vicars.
74	**Rank.**	Aus dem Bœhmernalde.
75	**Rank.**	Schœn-Minnele.
76	**Van der Veld.**	Die China.
77	**Corrodi.**	Fabeln und Bilder.
78	**Aug. Lamey.**	Gedichte.
79	**Carl Berger.**	Ulrich von Hutten.
80-87	**Gæthe.**	Leben. — Lieden. — Balladen. — Ellegien. — Sonnette. — Gedichte. — Politica. — Hermann und Dorothea. — Achilleis. — Faust. — Eg mout, — Clavigo. — Iphigenie auf Thauris. — Tassò. — Wilhem Meister und so weiter.
88	**Pfeffel.**	Fabeln.
89-93	**Schilber.**	Gedichte.
94	—	Marie Stuart.
95	**Gesner.**	Idyllen.
96	**Leneau.**	Gedichte.

TABLE DES MATIÈRES

Ire Division. — Littérature.

IIe Division. — Sciences et Arts.

IIIe Division. — Livres allemands.

Nancy. — Imp. Voirin, rue de l'Atrie, 23 bis

www.ingramcontent.com/pod-product-compliance
Lightning Source LLC
LaVergne TN
LVHW010058230826
846091LV00005B/1986
9782329667942